DANKE …

… an meine über alles geliebte Tochter **Jasmine,** weil sie mir jeden Tag meines Lebens vergoldet.

… an meinen geliebten Ehemann und Agenten **Stefan Lindström,** der immer an mich und meine verrückten Ideen glaubt.

… an alle tollen Kids, die mich unterstützt und dieses Buch ermöglicht haben.

… an meine Lektorin **Eva Stjerne** für ihre fantastische sprachliche Unterstützung.

… an meinen lieben Bruder **Alan Maranik** für die tolle Gestaltung des Buchs. Es ist immer schön, mit dir zusammenzuarbeiten.

… an **Christer Lindblom** vom Verlag Stevali, der mich bei der Vermarktung meiner Werke im schwedischen Buchhandel unterstützt.

… an **Ulf Kihlberg** von „Bagaren och Kocken" für schöne Gläser, Tassen, Kannen, die originelle Deko von Rice und die sicheren Kindermesser von MAC.

… an **Carl Uggla** für die Blender von Vitamix.

Folge Eliq auf:

Facebook: The Smoothie Queen
Instagram: @the_smoothie_queen
Twitter: The Smoothie Queen @love4smoothies

Originaltitel: *Smoothies för barn – upptäck, utforska, experimentera och lär dig allt om frukter och grönsaker*
ISBN 978-91-86287-71-9

Idee, Rezepte und Styling: Eliq Maranik
Foto: Eliq Maranik
Art Director: Eliq Maranik/Stevali Production
Layout: Alan Maranik und Eliq Maranik/Stevali Production
Redaktion: Eva Stjerne Ord & Form

Übersetzung aus dem Schwedischen: Elke Adams
Satz: ce redaktionsbüro für digitales publizieren
Coverfotos: Eliq Maranik

Gesamtherstellung: h.f.ullmann publishing GmbH, Potsdam

Printed in Slovenia, 2016

FSC MIX Aus verantwortungsvollen Quellen FSC® C106954 www.fsc.org

ISBN 978-3-8480-0996-1

10 9 8 7 6 5 4 3 2 1
X IX VIII VII VI V IV III II I

www.ullmannmedien.com
info@ullmannmedien.com
facebook.com/hfullmann
twitter.com/hfullmann

Eltern wird empfohlen, minderjährige Kinder nicht unbeaufsichtigt Rezepte, die in diesem Buch beschrieben sind, durchführen zu lassen.

ELIQ MARANIK

SMOOTHIES FÜR KIDS

Gemüse und Obst entdecken und genießen

h.f.ullmann

Inhalt

itamix

Bevor es losgeht

Lies diese Tipps, bevor du anfängst! Dann ist es einfacher, den Rezepten zu folgen.
Und vergiss dabei den Spaß nicht!

Sicherheit

Die Küche kann ein gefährlicher Ort sein, wenn man Küchengeräte nicht richtig anwendet.
Folgendes solltest du beachten:

1. Lass dir von einem Erwachsenen zeigen, wie man Elektrogeräte, Messer und andere Küchengeräte anwendet. Am Anfang sollte immer ein Erwachsener bei dir sein.
2. Sag Bescheid, wenn du in der Küche arbeiten möchtest. Es ist gut, wenn ein Erwachsener in der Nähe ist, falls du Hilfe brauchst.
3. Wenn du mit Elektrogeräten arbeitest, müssen deine Hände trocken sein. Zieh immer den Stecker aus der Steckdose, wenn du fertig bist.
4. Achte beim Schneiden auf deine Finger und laufe nicht mit einem Messer durch die Küche.
5. Stecke niemals die Hände in den Mixer oder die Smoothie-Maschine! Die Messer sind sehr scharf und bewegen sich schnell. Sie können dich schwer verletzen. Du darfst auch keine Gegenstände in den Mixer legen oder damit herumstochern. Das kann das Gerät beschädigen.
6. Geh vorsichtig mit heißem Wasser um.

Hygiene und Sauberkeit

Neben der Sicherheit ist die Hygiene sehr wichtig. Hier ein paar einfache Regeln:

1. Wasche dir immer die Hände, binde die Haare zusammen (wenn du lange Haare hast) und ziehe dir eine Schürze an, bevor du loslegst.
2. Wasche sämtliches Obst und Beeren, auch das mit Schale. Alles, was du anfasst, kann im Smoothie und später in deinem Bauch landen.
3. Nimm keine Früchte mit dunklen Stellen, Verfärbungen oder sichtbaren Schäden.
4. Kontrolliere bei allen Zutaten das Mindesthaltbarkeitsdatum. Verwende keine abgelaufenen Zutaten.
5. Halte die Küche sauber und wenn du fertig bist: Aufräumen nicht vergessen!

So machst du einen Smoothie

1. Lies das Rezept durch, bevor du anfängst.
2. Stelle alle Zutaten und Geräte bereit.
3. Schneide die Früchte auf die richtige Größe für den Mixer.
4. Gib die Früchte in den Mixer.
5. Gib Flüssigkeit in den Mixer.
6. Deckel drauf und prüfen, dass er fest sitzt.
7. 30 Sekunden bis 1 Minute mixen.
8. In ein Glas geben, garnieren und servieren.

Küchengeräte

MIXER. Für Smoothies brauchst du einen Mixer. Wenn du keinen Mixer hast, geht es auch mit einem Pürierstab und einem zugehörigen Behälter. Mit einem richtigen Mixer mit Kanne ist es aber sicherer, einfacher und macht mehr Spaß. Alle Zutaten in die Kanne geben, auf den Knopf drücken und den Smoothie anschließend in ein Glas schütten. Ein Smoothie-Mixer ist für Kinder gut geeignet. Er hat unten am Behälter einen Auslasshahn, an dem man den Smoothie abzapfen kann.

MESSER. Zum Zerkleinern der Früchte brauchst du große und kleine Messer. Wenn du mit scharfen Messern arbeitest, ist es gut, wenn ein Erwachsener in der Nähe ist. Es gibt aber auch spezielle Messer für Kinderhände. Der Handgriff hat einen Rutschschutz, die Spitze ist abgerundet. Die Form der Rückseite der Schneide verhindert, dass die Finger unter die Schneide rutschen. Eine Linie zeigt, wo das Messer scharf ist.

SCHNEIDEBRETT. Das Schneidebrett sollte nur für Obst und Gemüse verwendet werden. Es ist wichtig, das Brett nach der Verwendung zu spülen, sonst verfärbt es sich, nimmt Aromen und Gerüche an, oder es sammeln sich Bakterien darauf.

ZITRUSPRESSE. Wenn man Smoothies macht, ist eine Zitruspresse praktisch. Die Presse direkt nach Verwendung spülen, weil sich getrocknetes Fruchtfleisch später nur schwer entfernen lässt. Mit einer Zitruspresse kannst du alle Zitrusfrüchte und sogar Granatäpfel auspressen.

SPARSCHÄLER. Mit einem Sparschäler schälst du harte Früchte, die nicht ökologisch angebaut sind, z. B. Mangos, Äpfel oder Birnen. Früchte musst du vor der Verwendung immer waschen.

SIEBE. Einen besonders glatten Smoothie erhältst du, wenn du ihn durch ein feinmaschiges Sieb presst. Das Sieb verhindert, dass Schalenstücke, Kerne etc. im Glas landen. Auch den Saft von Apfelsinen, Grapefruits, Zitronen und Limetten durchseihen, um die bitteren Kerne zu entfernen. Für saure Früchte ist ein Nylonsieb geeignet, weil Metall den Geschmack verderben kann.

EISPORTIONIERER sind praktisch, wenn du Smoothies mit Eis machen möchtest. Eisportionierer bestehen aus hartem Material für richtig hartes Eis oder gefrorenen Joghurt und sie verbiegen sich nicht. Den Portionierer erst in heißes Wasser tauchen. Wenn es nicht klappt, auch zwischendurch.

GEFRIERBEUTEL brauchst du zum Einfrieren von Beeren und Früchten. Du solltest sie mit einem Etikett mit Datum, Inhalt und Portionsanzahl versehen.

EIS- und **EISWÜRFELFORMEN.** Wenn du Eis, Fruchtsaft oder Joghurt in Formen und Figuren einfrieren möchtest, gibt es im Handel verschiedene lustige Formen. Mische einige Beeren, essbare Blumen oder Kräuter in das Eis. Oder fülle die Eisformen mit ausgekratzter Passionsfrucht, Fruchtsaft oder Smoothies.

Desigual

Tipps und Hinweise

Geschmack verstärken

Wenn du findest, dass der Smoothie zu lasch ist, kannst du etwas Zitronen- oder Limettensaft dazugeben. Damit wird der Geschmack verstärkt. Bestimmte Früchte, z. B. Melonen, Mangos oder Bananen, sind ziemlich süß und können leicht zu dickflüssig werden. Etwas sauren Zitronensaft dazuträufeln, dann schmeckt es fruchtiger.

Flüssigere Smoothies

Ist der Smoothie zu dick oder püreeartig, kann er mit etwas Wasser, Milch, Dickmilch oder Saft verdünnt werden. Wenn du reinen Fruchtgeschmack möchtest, ist Wasser die beste Alternative.

Dickere Smoothies

Ist die Konsistenz des Smoothies zu dünn, kannst du etwas Crème fraîche, Quark, Frischkäse, griechischen Joghurt, Banane, Avocado oder Mango untermischen. Noch cremiger wird es mit Eis und Sahne. Auch Tofu, Müsli, Nüsse oder andere gesunde, leckere Dinge können in den Smoothie.

Glattere Smoothies

Einige Früchte und Gemüse sind sehr faserig, z. B. Ananas, Birnen und Äpfel. Smoothies aus diesen Früchten sind dann zäh und schwer trinkbar. Am besten filtert man sie deshalb vor dem Servieren durch ein feinmaschiges Sieb.

Eisigere Smoothies

Sollen die Smoothies eiskalt sein, verwendest du am besten gefrorene Früchte und Beeren. Auch Eis kann hinzugegeben werden, dadurch werden die Smoothies aber weniger intensiv und wässriger. Das Eis schmilzt schnell, wenn der Smoothie schon vorher zu warm war. Früchte vor der Zubereitung deshalb besser kühlen.

Sofort servieren

Damit Vitamine, Geschmack, Farbe und Konsistenz erhalten bleiben, sollten Smoothies und frisch gepresste Säfte so schnell wie möglich nach der Zubereitung serviert werden. Selbst gemachte Smoothies verändern ihre Farbe und ihren Geschmack schnell. Deshalb sollten sie sofort getrunken werden.

Smoothies aufbewahren

Wenn du Smoothies trotzdem aufbewahren möchtest, geht das in einer sauberen, verschlossenen Glasflasche im Kühlschrank. Selbst gemachte Smoothies enthalten keine Konservierungsstoffe und sind auch nicht pasteurisiert. Deshalb sollten sie nicht länger als 24 Stunden im Kühlschrank stehen. Die Vitamine fangen direkt nach der Zubereitung an, zu verschwinden, und der Smoothie kann schnell schlecht werden. Auch Farbe, Geschmack und Konsistenz verändern sich. Den Smoothie vor dem Trinken immer gut schütteln und mit Beeren oder Obstscheiben servieren.

Eis am Stiel aus Smoothies

Aus fast allen Obst- und Beeren-Smoothies kannst du Eis am Stiel machen. Verwende die Smoothie-Rezepte aus dem Buch oder erfinde eigene für die Eisformen. Wenn du „Streifeneis" mit unterschiedlichem Geschmack und Farben machen möchtest, wird jede Smoothie-Schicht für 30–45 Minuten eingefroren, bevor die nächste Schicht folgt, sonst vermischt sich alles. Selbst gemachtes Eis am Stiel sollte nicht länger als eine Woche aufbewahrt werden, weil es sonst vereist und nicht mehr so gut schmeckt. Eisformen nicht bis zum Rand füllen, weil sich der Inhalt im Gefrierfach ausdehnt.

Eigene Rezepte erfinden

Sei kreativ und erfinde eigene Rezepte! Eigentlich kannst du alle möglichen Zutaten in einem Smoothie verwenden. Der Fantasie sind keine Grenzen gesetzt, probiere es einfach aus!

Milde Säfte aus Äpfeln, Birnen, Möhren und Apfelsinen passen gut zu den meisten anderen Früchten.

Alle Milchprodukte wie Milch, Dickmilch, Joghurt, Quark, Crème fraîche, Sahne oder Frischkäse können verwendet werden. Berücksichtige aber, dass einige Zutaten viel Fett enthalten und sehr kalorienreich sind. Deshalb sollten sie nicht täglich verzehrt werden.

Alle Eissorten, Sorbet, gefrorener Joghurt, Saft, Früchte und Beeren können gut für eiskalte Smoothies verarbeitet werden.

Garnierung

Vergiss die Garnierung nicht! Serviere deine Smoothies in schönen Gläsern und dekoriere sie mit frischen Beeren, Obst, Kräutern, essbaren Blüten und anderen schönen Zutaten. Originelle Eisformen, Trinkhalme, Schirmchen und Ähnliches kannst du in Hobbyläden erhalten, selbst machen oder auf Urlaubsreisen sammeln.

Laktoseintoleranz

Wenn du laktoseintolerant bist, kannst du die Milchprodukte gegen laktosefreie austauschen – Sojajoghurt, Sojaeis, Hafermilch oder Nussmilch.

PUMA

Weiterführende Tipps

Die folgenden Tipps helfen dir, in die Welt der Smoothies einzutauchen.

Gemüse, Obst und Beeren sorgfältig auswählen

Ein Smoothie wird immer nur so gut wie seine Zutaten. Zum Entdecken der besten Zutaten muss man Augen, Nase und Finger einsetzen und sollte, falls möglich, regionale Produkte aus ökologischem Anbau wählen. Ökologisch angebaute Früchte sind frei von Zusätzen, sind ungespritzt, haben eine weichere Schale und schmecken intensiver.

Nimm dir Zeit für die Auswahl. Wähle farbenfrohe, feste, gut riechende Früchte, die keine weichen Stellen oder Verfärbungen zeigen. Es ist besser, die Zutaten an der Obst- und Gemüsetheke auszusuchen, als fertig abgepackte Ware zu kaufen.

Probiere einfach verschiedene Apfelsorten, Mangos, Melonen und anderes Obst. Der Geschmack kann ganz unterschiedlich sein, auch wenn die Früchte gleich heißen. Klasse ist zum Beispiel eine Apfel-Testverkostung mit deinen Freunden oder der ganzen Familie!

Reif oder unreif?

Für den optimalen Geschmack und eine gute Konsistenz braucht man Früchte mit der genau richtigen Reife. Unreifes Obst ist säuerlich und hart, es fehlt das gewisse Extra. Überreife Früchte sind oft zu süß (manchmal schmecken sie richtig schlecht) und machen den Smoothie schleimig. Nimm Obst, das sich für seine Größe schwer anfühlt und stark duftet – meist ein gutes Zeichen für die Reife.

Die meisten Früchte reifen bei Zimmertemperatur nach, nachdem sie gepflückt wurden. Einige werden mit der Zeit süßer und saftiger, andere werden saftiger, aber nicht süßer. Zitrusfrüchte sind eine Ausnahme. Sie werden geerntet und reifen nicht nach.

Obst und Beeren waschen

Kommen Früchte und Beeren nicht aus dem eigenen Garten, weißt du nicht, wie sie behandelt wurden, wo sie gewachsen sind und wer sie gesammelt hat. Die meisten Früchte – vor allem importierte – werden zur längeren Haltbarkeit gespritzt. Deshalb ist es sehr wichtig, dass du sie ordentlich wäschst oder spülst. Früchte aus nicht ökologischem Anbau sollten außerdem geschält werden. Denn alles, was sich auf der Außenseite der Früchte befindet, kann in deinem Bauch landen.

Harte Früchte und Gemüse sorgfältig mit lauwarmem Wasser und einer weichen Gemüsebürste reinigen. Die Bürste sollte nur dafür verwendet und jedes Mal gut gesäubert werden.

Weiches Obst wird mit lauwarmem Wasser gespült und vorsichtig zwischen den Händen gerieben. Gut funktioniert auch die weiche Seite eines Spülschwamms, der nur dafür benutzt wird. Zitrusfrüchte und Obst mit einer harten Wachsschicht können mit etwas Spülmittel und einem weichen Schwamm gewaschen werden. Obst bei Verwendung von Spülmittel immer gut abspülen. Auch Früchte mit Schale, die nicht mit verzehrt wird, z. B. Bananen, Apfelsinen, Mandarinen, Melonen und Mangos, sollten gut abgewaschen werden, weil Pflanzenschutzmittel und Wachs an den Händen kleben und dann im Fruchtfleisch landen.

Schälen oder nicht schälen?

Die meisten Vitamine, Mineralien und Enzyme befinden sich direkt in oder unter der Schale. Deshalb sollte die Schale möglichst mitverwendet werden. Wenn du nur Obst und Beeren aus ökologischem Anbau verarbeitest, muss die Schale meist nicht entfernt werden, wenn du Smoothies herstellt oder Saft auspresst. Alle Früchte, Beeren und Gemüse jedoch immer erst gut mit lauwarmem Wasser abwaschen. Stammen die Früchte nicht aus ökologischem Anbau, sollten sie so dünn wie möglich geschält werden.

Sehr harte Schale sollte entfernt werden, da kleine Stücke dazu führen, dass der Smoothie nicht glatt wird. Bananen, Mangos, Ananas, Papayas und Avocados sollten immer geschält werden.

Kerne und Steine entfernen

Da Kerne den Smoothie bitter und körnig machen, sollten sie größtenteils entfernt werden. Große oder sehr harte Kerne oder Steine wie z. B. von Nektarinen, Pfirsichen, Pflaumen, Aprikosen, Mangos, Avocados und anderem Steinobst dürfen natürlich nicht in den Mixer. Die dunklen Kerne der Wassermelone und Passionsfrucht verfärben den Smoothie unappetitlich. Papayas immer entkernen, die Samen schmecken zu pfeffrig.

Tiefgekühlte Zutaten kaufen

Wenn Früchte und Beeren sofort nach der Ernte tiefgefroren werden, sind sie eine tolle Alternative zu frischem Obst. In den Tiefkühlregalen der Geschäfte sind viele verschiedene Sorten im Angebot. Auch fertige Smoothie-Mischungen zum Sofortmixen sind dort erhältlich.

Selbst einfrieren

Auch wenn frisches Obst immer die bessere Wahl ist, kann Einfrieren sinnvoll sein. Frische Erdbeeren, Himbeeren oder Blaubeeren halten nur ein paar Tage. Deshalb sollten sie eingefroren werden, wenn man sie erst später verwenden möchte. Frischobst und Beeren können entweder direkt in den Mixer gegeben oder vorher aufgetaut werden.

Eine gute Idee ist es, Früchte, Beeren und Gemüse in der Hochsaison zu kaufen und dann einzufrieren. Dann erhalten deine Smoothies eine optimale Qualität und sind zudem preiswerter. Obst hält sich im Tiefkühlfach 2–3 Monate, im Gefrierschrank bei -18° C sogar noch länger.

Obst, Beeren und Gemüse direkt vor dem Einfrieren zerkleinern. Durch den Einfluss der Luft, der Oxidation, gehen ansonsten viele Nährstoffe, Vitamine, Mineralien und Enzyme schnell verloren. Stücke schneiden, die für den Mixer geeignet sind. Ein Trick ist, alles erst stückweise einzufrieren und dann eine oder mehrere Sorten in Gefrierbeuteln portionsweise abzupacken. Dann verklumpen die Stücke nicht miteinander. Luftdichte Gefrierbeutel verwenden und versuchen, so viel Luft wie möglich aus den Beuteln zu pressen, bevor sie verschlossen werden. Alle Beutel mit Datum, Inhalt und Portionsanzahl kennzeichnen. Übrig gebliebener Saft kann in Eiswürfelformen eingefroren und auch so aufbewahrt werden. Perfekt für Smoothies!

Früchte und Beeren, die gut zum Einfrieren geeignet sind: Ananas, Bananen, Brombeeren, Blaubeeren, Himbeeren, Erdbeeren, Kirschen, Preiselbeeren, Mangos, Papayas, Rhabarber und Johannisbeeren.

Früchte und Beeren, die durch Einfrieren wässrig und matschig werden: Aprikosen, Zitrusfrüchte, Nektarinen, Pfirsiche, Pflaumen, Birnen, Äpfel, Kiwis und Trauben.

Sanddorn, Mango und Erdbeeren

FÜR 2 GLÄSER

1 frische Mango (oder 300 g tiefgekühlt)

75 g Sanddorn, frisch oder tiefgekühlt (oder 2 TL Sanddornpulver)

8–10 Erdbeeren, frisch oder tiefgekühlt

200 ml Apfelsaft, frisch gepresst

200 ml Wasser

einige Eiswürfel (wenn du frisches Obst verwendest)

1. Alle Früchte sorgfältig waschen.
2. Mango mit dem Sparschäler schälen und in kleine Stücke teilen – an den harten Kern im Inneren denken, also vorsichtig sein. Wenn es nicht klappt, einen Erwachsenen um Hilfe bitten.
3. Mangostücke und Sanddorn in den Mixer geben.
4. Erdbeeren putzen (wenn sie frisch sind) und in den Mixer geben. Einige zum Garnieren übrig lassen.
5. Apfelsaft und Wasser in den Mixer geben und zu einem glatten Smoothie mixen. Soll der Smoothie eisiger sein, einige Eiswürfel dazugeben.
6. Mit Strohhalm in einem großen Glas servieren, mit einigen Erdbeeren oder Sanddorn garnieren.

Wusstest du, dass …

… eine einzige Sanddornbeere so viel Vitamin C wie eine ganze Orange enthält?

… Sanddorn das im Pflanzenreich seltene Vitamin B12 enthält (besonders für Veganer wichtig!)?

… Sanddorn zweihäusig, also in männliche und weibliche Pflanzen unterteilt ist? Die weibliche Pflanze trägt Beeren, aber erst nach der Befruchtung durch ein männliches Exemplar. In seltenen Fällen tragen auch männliche Pflanzen Beeren.

Blaubeeren, Himbeeren und Kräutertee

FÜR 2 GLÄSER

200 ml Kräutertee

2 TL Goji-Beeren, getrocknet

6 Datteln, entsteint

150 g Blaubeeren, tiefgekühlt

150 g Himbeeren, tiefgekühlt

Wusstest du, dass ...

... Blaubeeren reich an Antioxidantien sind und manchmal als „Superbeeren“ bezeichnet werden? Wilde Blaubeeren sind besonders gesund.

1. Kräutertee kochen. Nimm zwei Beutel Kräutertee auf 300 ml Wasser. 10–15 Minuten ziehen lassen, Teebeutel herausnehmen und zwischen zwei Teelöffeln ausdrücken. Tee abkühlen lassen. Dann in den Kühlschrank stellen, bis er eiskalt ist. Wenn das zu schwierig ist, einen Erwachsenen um Hilfe bitten.
2. Tee, Goji-Beeren und Datteln in den Mixer füllen und 5–10 Minuten stehen lassen, bis die Beeren weich sind.
3. Gefrorene Beeren dazugeben, einige zum Garnieren übrig lassen.
4. Zu einem eiskalten, gesunden Smoothie mixen.
5. Mit frischen oder tiefgekühlten Beeren garnieren und mit einem dicken Strohhalm servieren.

Spinat und Ananas

FÜR 2 GLÄSER

50–100 g frischer Spinat (nach Geschmack)

1 Limette

1 Banane

100 g Ananas, tiefgekühlt

300 ml Orangensaft, frisch gepresst

1. Spinat gut waschen, abtropfen lassen. Ein paar Blättchen zum Garnieren übrig lassen.
2. Alle Früchte sorgfältig waschen.
3. Limette aufschneiden, Saft mit der Zitruspresse auspressen. Alle Kerne aussieben, sonst kann der Smoothie bitter werden.
4. Limettensaft und restliche Zutaten in den Mixer geben und zu einem glatten Smoothie mixen.
5. Soll der Smoothie eisiger sein, einige Eiswürfel dazugeben.
6. In einem großen Glas mit Strohhalm servieren, mit Spinatblättchen garnieren.

Wusstest du, dass …

… Spinat ein Superlebensmittel ist? Die Blätter sind extrem nährstoffreich und enthalten viele Antioxidantien.

… Spinat dem Comic-Helden Popeye unglaubliche Kräfte verleiht?

Piña Chocolada

FÜR 2 GLÄSER

½ Ananas (ca. 300 g), frisch oder tiefgekühlt

200 ml Wasser

200 ml Kokosmilch (ohne Zusätze)

5 Datteln, entsteint

2 EL Kokosöl, kalt gepresst

3 EL Kakaopulver

einige Eiswürfel (wenn die Ananas frisch ist)

Kokosflocken zum Garnieren

1. Frische Ananas sorgfältig schälen.
2. Wenn das zu schwierig ist, einen Erwachsenen bitten, die Blätter und die harte Schale zu entfernen. Oder tiefgefrorene Ananas verwenden, das geht einfacher.
3. Ananas in kleine Stücke schneiden.
4. Alle Zutaten in den Mixer geben und zu einem glatten Smoothie mixen.
5. Eis dazugeben, wenn du frische Ananas verwendest und den Smoothie eiskalt magst.
6. In einem schönen Glas servieren, Kokosflocken darüberstreuen.

Wusstest du, dass …

… eine Kokospalme bis zu 13-mal im Jahr blüht und die Nüsse deshalb ganzjährig geerntet werden? Jede Palme trägt durchschnittlich 60 Nüsse im Jahr, das sind 10.000 während ihres Lebens. Palmen liefern Kokosöl, Kokoswasser, Kokosmilch, Kokospalmzucker, Kokosmehl, Kokosnektar, Kokosessig, Kokoschips, Kokosflocken und noch viel mehr.

Wusstest du, dass …

… Kokosöl zu den gesündesten Ölen der Welt gehört? Bei Zimmertemperatur ist es fest und wird bei 24 °C flüssiger.

… Kokosöl zum Kochen, für Smoothies und Desserts und auch zur Köperpflege gut ist, z. B. in Hautcreme oder Lippenbalsam?

… man immer ökologisches, rohes, kaltgepresstes Kokosöl nehmen sollte? Auf der Verpackung steht „100 % Kokos".

Vitamix

Vitamix

Vitamix

Mango, Himbeeren und Passionsfrucht

FÜR 2 GLÄSER

2 frische Mango (oder 600 g tiefgekühlt)

5 Passionsfrüchte
(oder 2–3 TL Passionsfruchtpulver)

½ Limette

150 g Himbeeren, tiefgekühlt

200 ml eiskaltes Wasser

einige Eiswürfel (wenn du frische Mango verwendest)

1. Alle Früchte sorgfältig waschen.
2. Mangos mit dem Sparschäler schälen und in kleine Stücke teilen – an den harten Kern im Inneren denken, also vorsichtig sein. Wenn es nicht klappt, einen Erwachsenen um Hilfe bitten.
3. Mangostücke in den Mixer geben.
4. Passionsfrüchte teilen, das Fruchtfleisch herauskratzen und die Kerne aussieben (wenn du möchtest). Eine Passionsfrucht zum Garnieren übrig lassen.
5. Limette aufschneiden, Saft einer Hälfte mit der Zitruspresse auspressen. Alle Kerne aussieben, sonst kann der Smoothie bitter werden.
6. Himbeeren, Limettensaft und Wasser in den Mixer geben und zu einem glatten Smoothie mixen. Soll der Smoothie eisiger sein, einige Eiswürfel dazugeben.
7. Wenn du den Smoothie vor dem Servieren durch ein Sieb gibst, wird er glatter.
8. In einem großen Glas servieren, Passionsfrucht als Garnierung direkt über dem Smoothie auskratzen.

Wusstest du, dass …

… Mangos ursprünglich nur in den Bergen im Himalaya und in Myanmar wuchsen? Vor Tausenden von Jahren begann man mit dem Anbau in Indien.

… der Mangobaum 35–40 m hoch werden kann und eine riesige Krone hat?

… die Blüten wie Lilien duften? Nach der Blüte dauert es 3–6 Monate, bevor die Frucht reif ist. Die Schale ist gelb, orange und rot gefärbt.

… dass du Mangostücke in der Saison einfrieren kannst? Das ist billiger und besser, als Früchte zu nehmen, die unreif gepflückt, lange gelagert und zur längeren Haltbarkeit gespritzt wurden. Frisch geerntete Früchte sind immer am besten, aber auch eingefroren okay.

TIPP!

Die Kerne der Passionsfrucht entfernst du am besten, wenn du ein bisschen Wasser in die Frucht gießt und dann rührst, bis sich das Fruchtfleisch löst. Durch ein Sieb geben und nur die Flüssigkeit verwenden.

Erdbeeren, Goji-Beeren und Kamille

FÜR 2 GLÄSER

300 ml Kamillentee

2 EL Goji-Beeren, getrocknet

½ Zitrone

12 Erdbeeren, frisch oder tiefgekühlt

1 Banane

2 TL Honig (oder 2 TL Agavensirup)

1. Kamillentee kochen. Nimm 2 Beutel Tee auf 300 ml Wasser. 10–15 Minuten ziehen lassen, Teebeutel herausnehmen und zwischen zwei Teelöffeln ausdrücken. Tee abkühlen und dann im Kühlschrank eiskalt werden lassen. Wenn das zu schwierig ist, einen Erwachsenen um Hilfe bitten.
2. Tee und Goji-Beeren in den Mixer füllen und 5–10 Minuten ziehen lassen, bis die Beeren weich sind.
3. Inzwischen alle frischen Früchte sorgfältig waschen.
4. Zitrone aufschneiden, Saft aus einer Hälfte in den Mixer pressen.
5. Frische Erdbeeren putzen.
6. Erdbeeren in den Mixer geben, zwei zur Garnierung aufbewahren.
7. Banane schälen, kleinschneiden und in den Mixer geben.
8. Honig oder Agavensirup dazugeben, alles mixen.
9. Jedes Glas mit einer Erdbeere garnieren.

Wusstest du, dass …

… Kamille wild an Feldern und Wegen wächst und zu den ältesten Heilpflanzen in Europa gehört? Sie wird vor allem wegen der Blüten gepflückt.

… getrocknete oder frische Kamillenblüten meist für Tee verwendet werden? 1–2 TL getrocknete Blüten ergeben eine große Tasse. Der Tee ist gut bei Bauchschmerzen und beruhigt am Abend.

… du Kamille nicht anwenden solltest, wenn du gegen Korbblütler allergisch bist.

Erdnuss-Schoko

FÜR 2 GLÄSER

2 Bananen

3 EL Erdnussbutter

2 EL Kakaopulver

400 ml Wasser

Erdnüsse (naturbelassen) als Garnierung

1. Bananen schälen, in Scheiben schneiden und für ein paar Stunden einfrieren. Gefrorene Bananen machen die Konsistenz eisig, dann brauchst du kein Eis.
2. Alle Zutaten in den Mixer geben und zu einem eiskalten Smoothie mixen.
3. In schönen Gläsern servieren und mit gehackten Erdnüssen garnieren.

Wusstest du, dass …

… Erdnüsse eigentlich keine Nüsse, sondern Hülsenfrüchte sind? Enge Verwandte sind Erbsen, Bohnen, Linsen, Sojabohnen und Kichererbsen.

… Personen mit Erdnussallergie beim Kontakt sehr starke Reaktionen zeigen? Deshalb sollte man an Orten, an denen sich viele Menschan aufhalten, wie im Bus, in der Schule oder im Kino, besser keine Erdnüsse essen.

… gute Erdnussbutter ökologisch sein und mindestens 99 Prozent Erdnüsse enthalten sollte? Etwas Meersalz dazu ist okay. Zu Smoothies passt aber am besten ungesalzene Erdnussbutter. Verwende keine Erdnussbutter mit Palmöl und Zucker!

Hagebutte, Ananas und Papaya

FÜR 2 GLÄSER

¼ Ananas, frisch (oder 200 g tiefgekühlt)

150 g Papaya, tiefgekühlt

3 TL Hagebuttenpulver (getrocknet, gemahlen)

½ Zitrone, frisch gepresst

200 ml Apfelsaft, frisch gepresst

100 ml Wasser

einige Eiswürfel (wenn du frische Ananas verwendest)

1. Alle Früchte sorgfältig waschen.
2. Blätter und harte Schale der Ananas entfernen. Ist das zu schwierig, hilft dir ein Erwachsener. Oder du nimmst tiefgefrorene Ananas, das geht einfacher.
3. Ananas in kleine Stücke schneiden und in den Mixer geben.
4. Zitrone aufschneiden, Saft aus einer Hälfte in den Mixer pressen.
5. Alle andere Zutaten bis auf das Eis in den Mixer geben und zu einem glatten Smoothie mixen. Soll der Smoothie eisiger sein, einige Eiswürfel dazugeben.
6. Mit Strohhalm in einem großen Glas servieren, etwas Hagebuttenpulver darüberstreuen oder mit frischen Hagebutten garnieren.

Wusstest du, dass …

… Menschen früher Hagebutten zur Verhütung von Skorbut, also Vitamin-C-Mangel, aßen? Auch Pferde bekommen manchmal Hagebutten zur Steigerung der Immunabwehr.

… Pulver aus ganzen, getrockneten Hagebutten 60-mal mehr Vitamin C als Zitrusfrüchte enthält? Außerdem sind Hagebutten reich an Antioxidantien und lebenswichtigen Mineralstoffen.

… Hagebuttenpulver ganz einfach selbst gemacht werden kann? Hagebutten trocknen und in einer Kaffeemühle zu Mehl mahlen.

Was ist Immunabwehr?

Die Immunabwehr ist ein hochentwickeltes System und schützt den Körper vor Angriffen durch Viren, Bakterien und andere Mikroorganismen.

Drei von vier Personen sind mindestens einmal jährlich erkältet. Erkältungen werden von Viren verursacht, und da wir ständig von etwa 200 Erkältungsviren umgeben sind, ist eine starke Immunabwehr wichtig, die uns vor normalen Erkältungen, aber auch vor ernsthafteren Infektionen und Krankheiten schützt. Durch den Verzehr von viel Obst und Gemüse und das Trinken von Smoothies stärkst du deine Immunabwehr.

Brombeeren, Vanillejoghurt und Zimt

FÜR 2 GLÄSER

150 g Goji-Beeren, frisch oder tiefgekühlt

5 Datteln, entsteint

200 ml Apfelsaft, frisch gepresst

200 ml Vanillejoghurt

1 TL Zimt, gemahlen

2 EL Hanfsamen, geschält (nach Belieben)

einige Eiswürfel (wenn du frische Brombeeren verwendest)

1. Alle Früchte sorgfältig waschen.
2. Alle Zutaten in den Mixer geben und zu einem glatten Smoothie mixen.
3. Soll der Smoothie eisiger sein, einige Eiswürfel dazugeben.
4. Mit einigen Brombeeren garnieren.

Wusstest du, dass …

… eine Handvoll Brombeeren fast den gesamten Tagesbedarf an Ballaststoffen enthält? Sie halten die Darmtätigkeit in Gang und sorgen für die Verdauung.

… Brombeeren mit Himbeeren verwandt sind und wie diese aus vielen, winzigen Steinfrüchten bestehen?

Aprikose, Himbeeren und Kamille

FÜR 2 GLÄSER

300 ml Kamillentee

10 Aprikosen, frisch oder getrocknet

2 EL Goji-Beeren

½ Limette

200 g Himbeeren, tiefgekühlt

Wusstest du, dass …

… Aprikosen auf Lateinisch *Prunus armeniaca* heißen? Das bedeutet „armenische Pflaume". Heute weiß man, dass die Frucht eigentlich aus China stammt. Dort wird sie bereits seit 4000–5000 Jahren angebaut. Heutzutage stammen die meisten Aprikosen aus der Türkei.

… man getrocknete Aprikosen verwenden kann, wenn man keine frischen bekommt? Am besten aus ökologischem Anbau. Vor der Verwendung eine Weile einweichen.

1. Kamillentee kochen. Nimm zwei Beutel Kamillentee auf 300 ml Wasser. 10-15 Minuten ziehen lassen, Teebeutel herausnehmen und zwischen zwei Teelöffeln ausdrücken. Tee abkühlen lassen und in den Kühlschrank stellen, bis er eiskalt ist. Bitte einen Erwachsenen um Hilfe, wenn das zu schwierig ist.
2. Tee, getrocknete Aprikosen und Goji-Beeren in den Mixer füllen und 10–15 Minuten stehen lassen, bis die Beeren weich sind. Frische Aprikosen müssen erst gewaschen werden. Steinkerne vorsichtig entfernen, Fruchtfleisch kleinschneiden.
3. Limette aufschneiden, Saft aus einer Hälfte in den Mixer pressen.
4. Gefrorene Himbeeren dazugeben, einige zum Garnieren übrig lassen.
5. Alles zu einem leckeren Smoothie mixen.
6. Mit einer Aprikose oder Himbeere garnieren. Servieren!

Pekannüsse, Datteln und Kokoswasser

FÜR 2 GLÄSER

50 g Pekannüsse (naturbelassen)

200 ml Kokoswasser

1 EL Chia-Samen (nach Belieben)

6 Datteln, entsteint

2 Bananen, tiefgekühlt, in Scheiben

1 EL Kakaopulver

1 TL Kardamom, gemahlen

1. Pekannüsse ein paar Stunden oder über Nacht einweichen. Einige zum Garnieren übrig lassen.
2. Pekannüsse schälen und zusammen mit Kokoswasser, Chia-Samen und Datteln in den Mixer geben. Alles zu einem cremigen Smoothie mixen.
3. Danach die tiefgefrorenen Bananenscheiben, Kakaopulver und Kardamom dazugeben.
4. In einem schönen Glas servieren, mit Pekannüssen garnieren.

Wusstest du, dass …

… Kokoswasser die klare Flüssigkeit ist, die sich in der jungen, grünen Kokosnuss befindet? Kokoswasser besteht zu 95 Prozent aus Wasser, der Rest sind Nährstoffe und Mineralien. Kokoswasser ist besonders reich an Kalium und wird manchmal als „Energy-Drink der Natur" bezeichnet.

… Kokoswasser nicht mit Kokosmilch zu verwechseln ist, die aus dem Fruchtfleisch einer reifen, braunen Nuss gewonnen wird?

… Kokoswasser gut in Eiswürfelformen eingefroren werden kann und dann bis zu einem halben Jahr haltbar ist?

… Chia-Samen ein richtiges Superlebensmittel sind? 2 Teelöffel enthalten mehr Omega-3-Fettsäuren als ein normales Lachsfilet. Omega 3 ist wichtig für das hormonelle Gleichgewicht und soll entzündungshemmende Wirkung haben.

Schokolade, Kokos und Datteln

FÜR 2 GLÄSER

2 Bananen, frisch oder tiefgekühlt

5 Datteln, entsteint

200 ml Kokosmilch (ohne Zusätze)

2 EL Kokosöl, kalt gepresst

2 EL Kakaopulver

1 TL Zimt, gemahlen

200 ml Wasser

einige Eiswürfel (wenn du frische Bananen nimmst)

Kokosflocken zum Garnieren

1. Bananen schälen und in Scheiben schneiden.
2. Alle Zutaten bis auf das Eis in den Mixer geben und zu einem glatten Smoothie mixen.
3. Eis dazugeben, wenn du frische Bananen verwendest und den Smoothie eiskalt magst.
4. In einem schönen Glas servieren, Kokosflocken darüberstreuen.

Wusstest du, dass ...

... Datteln die Früchte der Dattelpalme sind? Sie kann bis zu 35 m hoch werden und wächst in den Oasen des Mittleren Ostens und Nordafrikas, aber auch im Süden Europas.

... Datteln seit 8000 Jahren angebaut werden? Es gibt über 1500 Sorten.

... Datteln längliche Beeren sind? Sie erscheinen in vielen Größen und Farben. Die kleinsten sind 2,5 cm, die längsten 7 cm groß.

... reife Datteln dunkelbraun, rötlich und goldbraun sind? Je reifer, desto süßer sind sie. Am süßesten aber schmecken sie getrocknet.

... frische Datteln kalt, aber nicht zu trocken aufbewahrt werden sollten? Tiefgefrorene Datteln sollten bis zum Verzehr im Kühlschrank bleiben. Sie tauen schnell auf und können nochmals eingefroren werden. Im Kühlschrank halten sie sich bis zu einer Woche.

eco

PALM

Blaubeeren, Brombeeren und Rote Bete

FÜR 2 GLÄSER

1 Mini-Rote-Bete

300 ml Apfelsaft, frisch gepresst

200 g Blaubeeren, tiefgekühlt

100 g Brombeeren, tiefgekühlt

1. Rote Bete waschen, schälen und in kleine Stücke schneiden. Man kann auch 100 ml frisch gepressten Rote-Bete-Saft verwenden, dann direkt mit Schritt 3 fortfahren.
2. Rote Bete mit Apfelsaft mischen, bis die Konsistenz glatt ist.
3. Gefrorene Beeren dazugeben und zum frostigen Smoothie mixen.

Wusstest du, dass …

… Rote Bete das Blut reinigt und die Bildung roter Blutkörperchen anregt?

… es wilde Rote Bete gibt, die der Roten Bete äußerlich ähnelt, innen aber gestreift ist?

Tropischer Mix

FÜR 2 GLÄSER

100 g Papaya, tiefgekühlt

100 g Ananas, tiefgekühlt

100 g Mango, tiefgekühlt

2 TL Goji-Beeren, getrocknet

300 ml Kokoswasser

2 EL Kokosmilch

1. Obst aus dem Gefrierschrank nehmen und leicht antauen lassen.
2. Goji-Beeren 5–10 Minuten im Kokoswasser einweichen.
3. Alle Zutaten in den Mixer geben und zu einem eisigen Smoothie mixen.
4. Mit einigen Goji-Beeren garnieren.

TIPP!
Die tiefgekühlten Früchte können auch gegen einen anderen, tropischen Frucht-Mix ausgetauscht werden.

Wusstest du, dass …

… Goji-Beeren 500-mal mehr Vitamin C enthalten als Orangen, dreimal mehr Eisen als Spinat und viermal mehr Antioxidantien als Kirschen? Goji-Beeren können frisch oder getrocknet gegessen und als Saft getrunken werden.

Vitamix

Vitamix

Granatapfel und Grapefruit*

FÜR 2 GLÄSER

2 Granatäpfel (oder 200 g tiefgefrorene Granatapfelkerne)

2 Blut-Grapefruit

2 Orangen

100 g Mango, tiefgekühlt

1. Alle Früchte sorgfältig waschen.
2. Granatäpfel teilen und den Saft, wie bei einer Orange, mit der Zitruspresse auspressen. Du kannst die Granatapfelkerne mit in den Mixer geben, wenn sie gefroren sind. Sie enthalten zusätzliche Ballaststoffe.
3. Grapefruits und Orangen aufschneiden, Saft mit der Zitruspresse auspressen.
4. Säfte mit der tiefgefrorenen Mango zu einem glatten Smoothie mixen.
5. Mit ein paar Granatapfelkernen als Garnierung servieren.

Wie entfernt man die Granatapfelkerne?

Es ist schwierig, die Granatapfelkerne herauszubekommen? So funktioniert's: Granatapfel auf einer harten Unterlage rollen, in der Mitte teilen und die Hälften umgekehrt über ein Gefäß halten. Gleichzeitig mit einem Holzlöffel auf die Schale klopfen – Simsalabim!

Wusstest du, dass …

… man Granatäpfel im Winter frisch kaufen kann? Du kannst außerhalb der Saison auch tiefgefrorene oder getrocknete Granatapfelkerne verwenden.

… Granatäpfel eine Superfrucht sind, die seit Tausenden von Jahren angebaut wird?

Himbeeren und Birne

FÜR 2 GLÄSER

3 reife Birnen

200 g Himbeeren, tiefgekühlt

100 ml Apfelsaft, frisch gepresst

200 ml eiskaltes Wasser

Süßmittel (nach Belieben)

1. Birnen in Viertel teilen und Kernhäuser entfernen.
2. Birnenstücke mit Himbeeren, Apfelsaft und Wasser zu einem glatten Smoothie mixen. Je härter die Birnen, desto länger muss man mixen. Abschmecken und nach Belieben süßen. Mit Himbeeren garnieren.

Wusstest du, dass …

… Birnen doppelt so viel Ballaststoffe wie Äpfel enthalten?

… Birnen nur kurz haltbar sind? Am besten unreif kaufen und vor Verwendung ein paar Tage im Kühlschrank aufbewahren.

… du die Reifung beschleunigen kannst, wenn du Birnen zusammen mit einem Apfel in eine Plastiktüte legst? Äpfel geben Ethylen ab, das anderes Obst schneller reifen lässt.

Wassermelone und Himbeeren

FÜR 2 GLÄSER

¼ Wassermelone, mittelgroß (ca. 400 g)

200 g Himbeeren, tiefgekühlt

½ Limette

1 TL Vanillezucker

Eiswürfel (nach Belieben)

ein paar Stücke Wassermelone zum Naschen

1. Wassermelone sorgfältig waschen. Wenn sie dir zu schwer ist, bitte einen Erwachsenen um Hilfe.
2. Wassermelone mit dem Messer vorsichtig in vier Teile schneiden. Aus einem Teil die Kerne entfernen, das Fruchtfleisch herauskratzen und die Stücke in den Mixer geben.
3. Tiefgefrorene Himbeeren dazugeben.
4. Limette waschen, teilen und den Saft direkt in den Mixer pressen. Pass auf, dass keine Kerne hineinkommen, sie machen deinen Smoothie bitter!
5. Alles zu einem eisigen Smoothie mixen. Soll der Smoothie noch eisiger sein, einige Eiswürfel dazugeben.
6. Mit Wassermelonenscheiben zum Naschen servieren.

Wusstest du, dass …

… die größte Wassermelone der Welt laut Guinness-Buch der Rekorde 121,93 kg wog? Sie wurde im Jahr 2005 in Arkansas, USA, geerntet.

… man die Reife einer Wassermelone durch Klopfen prüfen kann? Klingt es hohl, ist sie reif.

… Wassermelonen über 90 Prozent Wasser enthalten?

TIPP!

Limette fest zwischen den Händen oder auf einer glatten Fläche rollen. So wird das Fruchtfleisch weicher und der Saft lässt sich leichter herauspressen. Statt mit der Hand zu pressen, kann auch die Zitruspresse verwendet werden.

Preiselbeeren, Birne und Orange

FÜR 2 GLÄSER

2 Orangen

2 TL Goji-Beeren, getrocknet

2 reife Birnen

100 g Preiselbeeren, frisch oder tiefgekühlt

einige Eiswürfel (wenn du frische Beeren verwendest)

Honig (nach Belieben)

Wusstest du, dass …

… Preiselbeeren Bakterien abtöten und wie Sauerkirschen gut bei Harnwegsinfekten sind?

… die Beeren früher in Apotheken u. a. als fiebersenkendes Mittel verkauft wurden?

1. Orangen auspressen.
2. Goji-Beeren für 5-10 Minuten im Orangensaft einweichen.
3. Birnen in Viertel teilen und Kernhäuser entfernen.
4. Alle Zutaten bis auf das Eis zu einem glatten Smoothie mixen.
5. Eis für einen frostigen Smoothie zugeben.
6. Abschmecken und mit Honig süßen, wenn du möchtest. Mit ein paar Preiselbeeren garnieren.

TIPP!

Wenn du keine frischen oder tiefgefrorenen Preiselbeeren bekommst, kannst du im Bioladen oder im Reformhaus gefriergetrocknetes Beerenpulver kaufen. Die Preiselbeeren können auch durch Sauerkirschen ersetzt werden.

Mango und Safran

FÜR 2 GLÄSER

300 g Mango, tiefgekühlt

1 Orange

1 Limette

400 ml Vanillejoghurt

½ Tütchen Safran (0,25 g)

1. Alle Früchte sorgfältig waschen.
2. Orange und Limette aufschneiden, Saft mit der Zitruspresse auspressen. Die Kerne am besten aussieben, sonst kann der Smoothie bitter werden.
3. Säfte, tiefgefrorene Mangostücke und Safran in den Mixer geben und zu einem eisigen, goldgelben Smoothie mixen.
4. Mit dickem Strohhalm servieren, mit Mango garnieren.

Wusstest du, dass …

… Safran das teuerste Gewürz der Welt ist? Und auch das meist imitierte!

… Safran aus den Blütenstempeln gewonnen wird, die von Hand gepflückt und gesäubert werden? Für ein Kilo getrockneten Safran braucht man die Stempel von 110.000–170.000 Blüten.

… Safran als Farbstoff, Gewürz und Parfüm verwendet wird und in vielen Lebensmittel enthalten ist?

… Safran in großen Mengen giftig ist? Man sollte also nicht zu viel davon essen. Die Höchstmenge pro Tag beträgt 3 Tütchen Safran.

Kiwi und Banane

FÜR 2 GLÄSER

4 Kiwis

2 Bananen

100 ml Apfelsaft, frisch gepresst

100 ml griechischer oder türkischer Joghurt

4 Eiswürfel

1. Alle Früchte sorgfältig waschen.
2. Kiwi und Bananen schälen, kleinschneiden und in den Mixer geben. Ein paar Kiwischeiben mit Schale zum Garnieren übrig lassen.
3. Alles zu einem glatten Smoothie mixen, aber nicht zu lange, denn die kleinen, schwarzen Kiwisamen bekommen einen sehr bitteren, strengen Geschmack, wenn sie zerstört werden.
4. In ein Glas geben und mit Kiwischeiben servieren.

Wusstest du, dass …

… laut Guinness-Buch der Rekorde schon einmal jemand eine Kiwi innerhalb von 5,35 Sekunden geschält und gegessen hat?

… eine Kiwi fünfmal mehr Vitamin C und Ballaststoffe als eine Orange enthält?

… die Schale essbar ist? Vorher aber gut waschen!

… die Kiwifrucht ihren Namen nach dem neuseeländischen Kiwi-Vogel mit ähnlichem Aussehen erhalten hat?

GANT

Vitamix

Erdbeeren und Ananas

FÜR 2 GLÄSER

¼ Ananas, mittelgroß (oder 150 g tiefgekühlt, in Stücken)

150 g Erdbeeren, frisch oder tiefgekühlt

1 Banane

200 ml eiskaltes Wasser

Wusstest du, dass …

… der Pro-Kopf-Verzehr von Erdbeeren in Deutschland jährlich 3,5 Kilogramm beträgt?

… frische Erdbeeren am besten ungeputzt und kalt verwahrt werden? Sind sie geputzt, sollten sie sofort gegessen oder eingefroren werden.

… die grünen Blättchen vor dem Waschen nicht entfernen sollten? Dann behalten die Beeren ihr Aroma.

1. Alle Früchte sorgfältig waschen.
2. Bitte einen Erwachsenen um Hilfe, wenn du eine frische Ananas verwendest. Ananas in der Mitte teilen, eine Hälfte in zwei Stücke schneiden. Blätter, Schale und den harten Mittelteil entfernen. In Stücke schneiden und in den Mixer geben. Restliche Ananas einfrieren.
3. Frische Erdbeeren putzen. Zwei Erdbeeren zum Garnieren übrig lassen. Die anderen in den Mixer geben.
4. Banane schälen, kleinschneiden und in den Mixer geben.
5. Alles zu einem glatten Smoothie mixen. Wenn du möchtest, kannst du den Smoothie vor dem Servieren durch ein Sieb geben, dann wird er glatter.
6. In ein Glas geben und mit Erdbeeren garniert servieren.

TIPP!

Dieser Smoothie eignet sich perfekt als Eis am Stiel! Mehr dazu auf Seite 14.

Brombeeren und Quark

FÜR 2 GLÄSER

150 g Brombeeren, frisch oder tiefgekühlt

1 Banane

200 ml Joghurt (naturbelassen)

200 ml Vanillequark

4 Eiswürfel (bei frischen Brombeeren)

1. Frische Brombeeren waschen und abtropfen lassen.
2. Banane schälen, kleinschneiden und in den Mixer geben.
3. Brombeeren dazugeben. Einige zum Garnieren übrig lassen.
4. Joghurt und Vanillequark zugeben.
5. Alles zu einem glatten, dickflüssigen Smoothie mixen.
6. Mit ein paar Brombeeren garniert servieren.

Wusstest du, dass …

… Brombeeren aus vielen kleinen Beeren bestehen, die den Samen enthalten? Genau wie Himbeeren! Die kleinen Samen führen dem Körper Ballaststoffe zu.

… Brombeeren richtig schlecht schmecken, wenn man sie zu früh isst? Vor dem Pflücken also gut reifen lassen. Die meisten Brombeeren werden erst im September oder Oktober geerntet.

Himbeeren und Nektarine

FÜR 2 GLÄSER

3 Nektarinen (oder Pfirsiche)

150 g Himbeeren, frisch oder tiefgekühlt

½ Banane

100 ml Apfelsaft, frisch gepresst

100 ml eiskaltes Wasser

1. Alle Früchte sorgfältig waschen.
2. Nektarinen vorsichtig entsteinen. Der Stein kann sehr hart sein, sei also vorsichtig! Bitte einen Erwachsenen um Hilfe, wenn es nicht klappt.
3. Nektarine kleinschneiden und in den Mixer geben.
4. Frische oder tiefgekühlte Himbeeren dazugeben, einige zum Garnieren übrig lassen.
5. Banane schälen und in den Mixer geben.
6. Apfelsaft und Wasser dazugeben und alles zu einem glatten Smoothie mixen. Wenn du magst, kannst du ihn vor dem Servieren durch ein Sieb geben, dann wird er glatter.
7. Mit Himbeeren am Spieß garnieren. Servieren!

Wusstest du, dass …

… Pfirsiche und Nektarinen voller Vitamin C stecken und reich an Kalium und Ballaststoffen sind? Sie enthalten auch Betacarotin, das der Körper in Vitamin A umwandelt. Wichtig für die Sehkraft!

… Nektarinen eigentlich dasselbe sind wie Pfirsiche, aber eine „kahle" Variante? Die Nektarine hat eine glatte Schale. Beim Pfirsich ist die Haut pelzig und samtweich.

… Pfirsiche und Nektarinen am selben Baum wachsen können?

Erdbeeren mit Baiser

FÜR 2 GLÄSER

150 g Erdbeeren, frisch oder tiefgekühlt

200 ml Milch

3 EL Crème fraîche

6 Baiser

1. Erdbeeren waschen und putzen.
2. Erdbeeren, Milche und Crème fraîche zu einem glatten Smoothie mixen.
3. In ein Glas geben und 2 Baiser hineinkrümeln.
4. Mit dem Löffel umrühren und restliche Baisers hineinkrümeln.
5. Servieren!

TIPP!
Baiser kannst du fertig kaufen, aber auch selbst machen.

Wie viel Milch gibt eine Kuh?

Eine Milchkuh gibt ungefähr 25 l Milch pro Tag. Sie wird täglich zwei- bis dreimal gemolken. Das ergibt etwa 9.000 Liter jährlich. Damit eine Kuh Milch gibt, muss sie erst ein Kalb geboren haben. Man muss regelmäßig melken und darf damit nicht aufhören, weil die Kuh sonst bald an Schmerzen und Euterentzündung leiden würde.

Banane und Joghurt

FÜR 2 GLÄSER

2 reife Bananen

200 ml Vanillejoghurt

200 ml Milch

2 TL Puderzucker

1. Bananen schälen, kleinschneiden und in den Mixer geben.
2. Joghurt, Milch und Puderzucker dazugeben.
3. Alles zu einem glatten Smoothie mixen.
4. In ein Glas füllen. Mit ein paar Bananenstückchen garnieren. Servieren!

TIPP!

Wenn der Smoothie eiskalt sein soll, die Bananen vorher einfrieren. Das geht ganz einfach: Bananen schälen und in etwa zwei Zentimeter dicke Scheiben schneiden. Auf einem Tablett oder Teller ausbreiten und im Gefrierschrank für ein paar Stunden oder über Nacht stehen lassen. Wenn du nicht alle Stücke verwendest, die restlichen in einen Gefrierbeutel füllen. Gut verschließen und die Luft herausdrücken. So können auch Bananen aufbewahrt werden, bevor sie zu reif werden und man sie wegwerfen muss. Tiefgefrorene Bananen sind eine tolle Smoothie-Zutat!

Wusstest du, dass …

… Bananen an Büscheln mit bis zu 200 Früchten wachsen? Bananen sind nicht nur Obst, sondern gelten auch als Heilpflanzen und in der Botanik als Beeren.

… Bananen zu den Früchten gehören, aus denen keine Flüssigkeit gewonnen werden kann? Wenn du Smoothies mit Bananen machst, musst du deshalb welche dazugeben. Der süße Geschmack der Banane und die dicke Konsistenz machen säuerliche, flüssige Smoothies sättigend und leckerer.

Himbeeren und Vanille

FÜR 2 GLÄSER

200 g Himbeeren, frisch oder tiefgekühlt

1 reife Banane

100 ml Vanillejoghurt

200 ml Milch

1 TL Vanillezucker

Honig (nach Belieben)

1. Frische Himbeeren gut waschen und abtropfen lassen.
2. Banane schälen, kleinschneiden und in den Mixer geben.
3. Himbeeren dazugeben, einige zum Garnieren übrig lassen.
4. Restliche Zutaten dazugeben.
5. Alles zu einem glatten, dickflüssigen Smoothie mixen.
6. Abschmecken und mit Honig süßen, wenn du magst.
7. Servieren!

Wusstest du, dass …

… eine Himbeere aus vielen kleinen Beeren besteht, die jede einen Samen enthalten?

… Himbeeren viel Vitamin C und Ballaststoffe enthalten?

… Himbeeren im Kühlschrank höchstens 2 Tage haltbar sind? Du kannst sie aber gut einfrieren. Dann halten sie 3–4 Monate.

Cool
drinks

Blaubeeren und Vanilleeis

FÜR 2 GLÄSER

200 g Blaubeeren, frisch oder tiefgekühlt

100 ml Naturjoghurt

200 ml Milch

3 Kugeln Vanilleeis

1. Blaubeeren gut waschen und abtropfen lassen.
2. 150 g Blaubeeren in den Mixer geben. 50 g zum Garnieren übrig lassen.
3. Joghurt, Milch und 3 Kugeln Vanilleeis dazugeben.
4. Alles zu einem glatten Smoothie mixen.
5. In ein Glas geben und mit den restlichen Blaubeeren garnieren. Servieren!

TIPP!

Wenn der Smoothie eine eisartige Konsistenz haben soll, tiefgefrorene Blaubeeren verwenden und den Joghurt gegen 2 Extrakugeln Eis tauschen. Mit dem Löffel genießen.

Wusstest du, dass …

… Blaubeeren auch Heidelbeeren genannt werden? Wilde Blaubeeren färben Zähne und Mund blau!

… es etwa 15 Jahre dauert, bis ein Blaubeerbusch ausgewachsen ist? Er kann mehrere hundert Jahre alt werden.

… Blaubeeren wie auch viele andere Beeren Hauptfutter für Bären sind und für fast die Hälfte ihrer jährlichen Energiezufuhr sorgen? Ein Bär kann täglich ein Drittel seines Gewichts als Beeren fressen.

Mango und Orange

FÜR 2 GLÄSER

1 Mango

½ Banane

3 Orangen (oder 300 ml frisch gepresster Saft)

Eiswürfel (nach Belieben)

1. Alle Früchte sorgfältig waschen.
2. Mango mit dem Sparschäler schälen und in kleinere Stücke teilen – an den harten Kern im Inneren denken, also vorsichtig sein. Bitte eventuell einen Erwachsenen um Hilfe. Ein paar Mangoscheiben als Garnierung behalten.
3. Mangostücke in den Mixer geben.
4. Banane schälen, die Hälfte in Scheiben schneiden und dazugeben.
5. Orange aufschneiden, Saft mit der Zitruspresse auspressen. Die Kerne am besten aussieben, sonst kann der Smoothie bitter werden.
6. Orangensaft dazugeben und zu einem glatten Smoothie mixen. Soll der Smoothie noch eisiger sein, einige Eiswürfel dazugeben.
7. Mit Mangoscheiben am Zahnstocher oder Cocktailspieß servieren.

Wusstest du, dass …

… die dickste Mango laut Guinness-Buch der Rekorde 3.435 g wog? So viel wie eine kleine Wassermelone! Normalerweise haben Mangos ein Gewicht von 400–500 g.

… über die Hälfte der Mangofrüchte weltweit in Indien angebaut wird?

… die Mangofrucht zur selben Familie gehört wie Cashewkerne und Pistazien? Allergiker sollten beim Umgang mit der Schale also vorsichtig sein.

Ananas und Möhre

FÜR 2 GLÄSER

¼ Ananas, mittelgroß (oder 200 g tiefgekühlte Ananasstücke)

4 Erdbeeren, frisch oder tiefgekühlt

½ Limette

200 ml Möhrensaft, frisch gepresst

1. Alle Früchte sorgfältig waschen.
2. Bitte einen Erwachsenen um Hilfe, wenn du eine frische Ananas verwendest. Teile die Ananas in der Mitte, danach eine der Hälften in zwei Teile. Blätter, Schale und den harten Mittelteil entfernen. In Stücke schneiden und in den Mixer geben. Restliche Ananasstücke im Gefrierbeutel einfrieren.
3. Erdbeeren putzen (wenn sie frisch sind) und in den Mixer geben.
4. Limette halbieren. Eine Hälfte mit der Zitruspresse auspressen, Saft mit in den Mixer gießen. Die Kerne am besten aussieben, sonst kann der Smoothie bitter werden.
5. Frisch gepressten Möhrensaft dazugeben.
6. Alles zu einem glatten Smoothie mixen. Wenn du möchtest, kannst du den Smoothie durch ein Sieb geben, dann wird er glatter.
7. Servieren!

EXPERIMENT

Möhren sind Wurzeln, die Wasser aus der Erde saugen. Wie aber gelangt das Wasser bis ins Kraut?

Du brauchst:

1 Möhre mit Grün

1 Wasserglas

rote Lebensmittelfarbe

Wasser

So geht's: Glas zur Hälfte mit Wasser füllen. 10 Tropfen Lebensmittelfarbe hineinträufeln. Die Spitze der Möhre abschneiden und die Möhre ins Wasser stellen. Glas mit der Möhre für mindestens 2 Stunden an ein sonniges Fenster oder unter eine starke Lampe platzieren. Bitte einen Erwachsenen, die Möhre der Länge nach zu teilen, dann kannst du das Innere sehen.

Was passiert? Das rote Wasser wird von der Möhre bis zum Grün aufgesaugt!

Kokos und Schokolade

FÜR 2 GLÄSER

1 Banane

3 EL löslichen Kakao (oder 1 EL Kakaopulver) + 3 EL Puderzucker

200 ml Milch

100 ml Kokosmilch

2 TL Kokosflocken

3 Kugeln Vanilleeis

4 Eiswürfel

Kokosflocken oder frisch geriebene Kokosnuss als Garnierung

Wusstest du, dass …

… Kokonüsse die Frucht der Kokospalme sind? Sie wachsen in Gruppen von 10–20 Stück. Jede Nuss kann bis zu 3 kg wiegen.

… die Kokospalme bis zu hundert Jahre alt werden kann? In ihrem Leben produziert sie viele tausend Kokosnüsse.

… man aus den Fasern der Hülle um die Kokosnuss Bürsten, Matten und Seile herstellt?

1. Banane schälen, kleinschneiden und in den Mixer geben.
2. Milch, Kokosmilch, Kokosflocken, löslichen Kakao und Eiswürfel dazugeben. Eine Weile mixen.
3. 3 Kugeln Vanilleeis dazugeben und mixen, bis der Smoothie eisartig ist.
4. In ein Glas geben, ein paar Kokosflocken oder frisch geriebene Kokosnuss darüberstreuen.

SELBST KOKOSMILCH HERSTELLEN!

Kokosmilch wird aus dem geriebenen Fruchtfleisch hergestellt, das mit Wasser gemischt und danach gepresst wird. Wenn du Kokosmilch selbst machen möchtest, ist das einfach. Ausgekratztes, geriebenes Kokosfruchtfleisch mit Wasser mischen, das Ganze in den Mixer geben. So lange mixen, bis die Masse glatt ist, dann durch ein Sieb geben. Und schwupps – schon ist die selbst gemachte Kokosmilch fertig!

Schwarze Johannisbeeren und Apfel

FÜR 2 GLÄSER

250 g schwarze Johannisbeeren, frisch oder tiefgekühlt

½ Banane

200 ml Apfelsaft, frisch gepresst

Wusstest du, dass ...

... ein schwarzer Johannisbeerstrauch genauso gut riecht wie seine Beeren? Aus den Blättern kannst du tollen Tee und leckeren Saft herstellen.

1. Alle Früchte sorgfältig waschen.
2. Ein paar Johannisbeerzweige zurückbehalten (wenn du frische verwendest) und ein Drittel in den Mixer geben. Den Rest zum Garnieren übrig lassen.
3. Banane schälen, die Hälfte in Scheiben schneiden und dazugeben.
4. Apfelsaft dazugeben und alles zu einem glatten Smoothie mixen. Wenn du möchtest, kannst du den Smoothie durch ein Sieb geben, dann wird er glatter.
5. In ein Glas geben und mit den restlichen schwarzen Johannisbeeren garnieren.
6. Servieren!

TIPP!
Dieser Smoothie ist perfekt zum Frühstück, wenn du 200 ml griechischen Joghurt und 2 TL Honig dazugibst.

Orange und Banane

FÜR 2 GLÄSER

2 Bananen

3 Orangen (oder 400 ml Orangensaft, frisch gepresst)

½ Limette

4 Eiswürfel

1. Alle Früchte sorgfältig waschen.
2. Banane schälen, kleinschneiden und in den Mixer geben.
3. Orangen und eine halbe Limette mit der Zitruspresse auspressen. Die Kerne am besten aussieben, sonst kann der Smoothie bitter werden.
4. Eiswürfel dazugeben und zu einem glatten Smoothie mixen.
5. In ein Glas geben und mit Orangenscheiben servieren.

Wusstest du, dass …

… die größte Apfelsine der Welt laut Guinness-Buch der Rekorde 2006 in Kalifornien entdeckt wurde? Ihr Umfang betrug 63,5 cm.

… vermutlich mehr als eine Pflanze wächst, wenn du einen Apfelsinenkern in die Erde pflanzt?

TIPP!

Ein paar Erdbeeren verleihen diesem Smoothie eine schöne Farbe und ein interessantes Aroma.

Kirsche und Kokos

FÜR 2 GLÄSER

150 g Kirschen, frisch oder tiefgekühlt

½ Banane

2 Limettenspalten

200 ml Vanillequark

100 ml Milch

3 EL Kokosmilch

1. Alle Früchte sorgfältig waschen.
2. Frische Kirschen vorsichtig entkernen. Bitte einen Erwachsenen um Hilfe, wenn du unsicher bist. Kirschen in den Mixer geben.
3. Banane schälen, eine Hälfte in Scheiben schneiden und dazugeben.
4. Saft aus 2 Limettenspalten zwischen den Fingern in eine kleine Schale auspressen. Alle Kerne aussieben, sonst kann der Smoothie bitter werden.
5. Limettensaft, Vanillequark, Milch und Kokosmilch mit in den Mixer gießen.
6. Alles zu einem glatten, dickflüssigen Smoothie mixen.
7. Servieren!

So reifen Bananen schneller!

Du brauchst:

2 Äpfel

3 unreife, grüne Bananen

1 kleine Papier- oder Plastiktüte

So geht's: Die erste Banane zusammen mit zwei Äpfeln in eine Papier- oder Kunststofftüte legen, verschließen. Die andere Banane in einen Obstkorb legen. Darin darf sich kein anderes Obst befinden. Die dritte Banane kommt in den Kühlschrank. Zwei Tage warten.

Was ist passiert? Die Banane in der Tüte ist überreif. Die Banane im Obstkorb ist reif. Die Banane im Kühlschrank ist immer noch unreif.

Warum ist das so?: Die Banane in der Tüte reift schnell, weil die Äpfel Ethylen produzieren, das der Banane bei der Reifung hilft. Kälte dagegen stoppt den Reifungsprozess.

Blaubeeren und Banane

FÜR 2 GLÄSER

100 g Blaubeeren, frisch oder tiefgekühlt

1 Banane

100 ml Apfelsaft, frisch gepresst

200 ml Vanillejoghurt

2 TL Puderzucker

4 Eiswürfel (bei frischen Blaubeeren)

1. Frische Blaubeeren gut waschen und abtropfen lassen. Ein paar Beeren zum Garnieren übrig lassen.
2. Banane schälen, kleinschneiden und in den Mixer geben.
3. Banane, Blaubeeren, Apfelsaft, Joghurt und Puderzucker zu einem glatten Smoothie mixen.
4. In ein Glas gießen und mit ein paar Blaubeeren am Trinkhalm oder Zahnstocher servieren.

TIPP!

Nimm statt Blaubeeren andere Beeren, zum Beispiel Erdbeeren, Himbeeren, Brombeeren oder schwarze Johannisbeeren.

Getrocknete Blaubeeren

Blaubeeren kann man selbst trocknen. So geht's: Die sauberen Beeren auf einem Blech oder Küchenbrett ausbreiten und im Haus ein paar Tage an der Luft trocknen lassen. Dann müssen sie im Ofen auf dem Blech bei 50 °C weiter trocknen. Die Trocknungszeit hängt davon ab, wie viel Wasser die Beeren enthalten. Es können ein paar Stunden sein. Die Beeren sind fertig, wenn sie ganz trocken sind. Dann eine Weile an einer luftigen Stelle weiter trocknen lassen. Trockenbeeren werden im Dunkeln in Einmachgläsern aufbewahrt. Auf die gleiche Weise kann man auch Preiselbeeren und Sauerkirschen trocknen.

Rote Johannisbeeren und Mango

FÜR 2 GLÄSER

1 Mango

200 g rote Johannisbeeren, frisch oder tiefgekühlt

½ Banane

100 ml eiskaltes Wasser

Eiswürfel (nach Belieben)

1. Alle Früchte sorgfältig waschen.
2. Mango mit dem Sparschäler schälen und in kleinere Stücke teilen – an den harten Kern im Inneren denken, also vorsichtig sein. Bitte einen Erwachsenen um Hilfe, wenn du unsicher bist.
3. Mangostücke in den Mixer geben.
4. Rispen von den Johannisbeeren entfernen (wenn du frische verwendest), den Rest in den Mixer geben. Eventuell 2 Rispen zum Garnieren übrig lassen.
5. Banane schälen, eine Hälfte in Scheiben schneiden und dazugeben.
6. Wasser dazugeben und alles zu einem glatten Smoothie mixen. Soll der Smoothie eher eisig sein, einige Eiswürfel dazugeben.
7. Mit den restlichen Johannisbeeren servieren.

Wusstest du, dass …

… rote Johannisbeeren schon seit dem 16. Jahrhundert angebaut werden? Heute gehören sie zu den Basispflanzen im Garten. Du kannst auch weiße Johannisbeeren nehmen. Sie schmecken ähnlich, nur die Farbe des Smoothies wird nicht so schön rot.

Himbeeren und Zimt

FÜR 2 GLÄSER

1 Banane

150 g Himbeeren, frisch oder tiefgekühlt

100 ml türkischer oder griechischer Joghurt

100 ml Milch

2 EL flüssiger Honig

1 Prise Zimt

4 Eiswürfel (bei frischen Himbeeren)

1. Banane waschen, schälen, kleinschneiden und in den Mixer geben.
2. Frische Himbeeren waschen und abtropfen lassen. Ein paar Beeren zum Garnieren übrig lassen.
3. Himbeeren, Joghurt, Milch, Honig, Zimt und Eiswürfel (bei frischen Himbeeren) in den Mixer geben.
4. Alles zu einem glatten Smoothie mixen.
5. Mit ein paar Himbeeren servieren.

Himbeeren einfrieren

Himbeeren können gut eingefroren werden, aber die Früchte müssen einzeln liegen, sonst kleben sie beim Einfrieren zusammen. Beeren mit etwas Zwischenraum auf einen Teller legen und einfrieren. Wenn sie stückweise gefroren sind, kommen Sie in einen Gefrierbeutel, der weiter tiefgefroren wird.
Lecker im Winter!

BEEN

Mandelschokolade mit Banane und Vanille

FÜR 2 GLÄSER

2 Bananen, frisch oder tiefgekühlt

400 ml Mandelmilch (oder 4 EL Mandelbutter und 350 ml Wasser)

4 Datteln, entsteint

2 EL Kakaopulver

1 TL Vanillezucker

einige Eiswürfel (wenn die Bananen frisch sind)

Mandelsplitter zum Garnieren

1. Bananen schälen und in Scheiben schneiden.
2. Alle Zutaten bis auf das Eis in den Mixer geben und zu einem glatten Smoothie mixen.
3. Eis dazugeben, wenn du frische Bananen verwendest und den Smoothie eiskalt magst.
4. In einem schönen Glas servieren, Mandelstücke darüberstreuen.

Wusstest du, dass …

… Mandeln oft als Nüsse bezeichnet werden, eigentlich aber Steinobst sind? Die Mandel ist die Frucht in der harten Schale des Kerns.

… Mandeln jede Menge Ballaststoffe enthalten und reich an Vitamin E sind?

… du ungesüßte Mandelmilch kaufen, aber auch ganz leicht selbst machen kannst? Selbst gemachte Milch hat außerdem einen höheren Mandelgehalt. Vorsicht bei gesüßter Fertigmilch, sie enthält viel Zucker!

Was ist Steinobst?

Steinobst sind saftige Früchte mit nur einem Samen in einer harten Außenschale, der als Stein bezeichnet wird. Beispiele sind Pflaumen, Aprikosen, Kirschen, Mandeln und Pfirsiche. Auch Himbeeren und Brombeeren werden zum Steinobst gezählt, weil jeder kleine Stein von einem Fruchtknoten umgeben ist.

Melone und Passionsfrucht

FÜR 2 GLÄSER

½ Honigmelone (ca. 300 g Fruchtfleisch)

4 Passionsfrüchte

½ Banane

½ Limette

100 ml Apfelsaft, frisch gepresst

ein paar Melonenscheiben zum Naschen oder Garnieren

1. Alle Früchte sorgfältig waschen.
2. Melone teilen, Kerne mit einem Eis- oder Esslöffel entfernen, entsorgen. Fruchtfleisch in Stücke schneiden und in den Mixer geben.
3. Passionsfrüchte teilen, Fruchtfleisch herauskratzen und dazugeben. Eventuell eine Passionsfrucht zum Garnieren zurückbehalten.
4. Banane schälen, eine Hälfte in Scheiben schneiden und zu den restlichen Zutaten dazugeben.
5. Limette aufschneiden, eine Hälfte mit der Zitruspresse auspressen. Die Kerne am besten aussieben, sonst kann der Smoothie bitter werden.
6. Limetten- und Apfelsaft in den Mixer gießen und alles zu einem glatten Smoothie mixen. Wenn du möchtest, kannst du den Smoothie vor dem Servieren durch ein Sieb geben, dann wird er glatter.
7. Mit ein paar Melonenstücken garniert servieren.

TIPP!

Wenn du die Kerne der Passionsfrüchte entfernen möchtest, einfach etwas Wasser in die Frucht gießen. Dann Wasser und Fruchtfleisch mischen, bis sich das Fruchtfleisch löst. Anschließend durch ein Sieb geben und nur die Flüssigkeit für den Smoothie nehmen.

Einen tollen Effekt erzielst du, wenn du eine Passionsfrucht zum Garnieren übrig lässt. Aushöhlen und jeweils eine Hälfte in jedes Glas geben.

Blaubeeren, Hafer und Vanille

FÜR 2 GLÄSER

150 g Blaubeeren

5 Datteln, entsteint

400 ml Hafermilch

1 TL Vanillezucker

1. Alle Zutaten in den Mixer geben und zu einem eisigen Smoothie mixen.
2. In einem großen Glas servieren, mit ein paar Blaubeeren garnieren.

Hafermilch selbst machen

Hafermilch kann man ganz leicht selbst machen. 100 g Haferflocken ein paar Stunden oder über Nacht einweichen. Haferflocken mit etwas Wasser und einer kleinen Prise Salz in den Mixer füllen. Mixen, bis sich die Flocken ganz aufgelöst und eine milchige Konsistenz haben. Durch ein feinmaschiges Sieb oder einen Nussmilchbeutel (aus dem Reformhaus) geben. Die Hafermilch ist in einer Glasflasche einige Tage haltbar.

Sie kann mit etwas Zimt, Kardamom, Vanille, Kakaopulver oder anderem gewürzt und mit Honig, Agavensirup oder Datteln gesüßt werden. Die Gewürze dann direkt beim Mixen der Haferflocken mit Wasser dazugeben und danach durch ein Sieb geben.

Obst-ABC

ANANAS. Randvoll mit Vitamin C. Ob eine Ananas reif ist, kannst du prüfen, indem du eines der äußeren Blatter abziehst. Gibt es nach, ist die Frucht reif. Am besten kauft man eine unreife Ananas und lässt sie zu Hause nachreifen. Im Kühlschrank hält eine reife Ananas bis zu 1 Woche, bei Zimmertemperatur etwa 3 Tage.

ÄPFEL. Enthalten viel Vitamin C, Antioxidantien und Ballaststoffe. Äpfel sollte kühl verwahrt werden, gern in einer Plastiktüte im Kühlschrank. Bei Zimmertemperatur verkürzt sich ihre Haltbarkeit. Sie geben Ethylen ab, das den Reifungsprozess beschleunigt. Das Aroma frisch gepflückter Äpfel ist einfach unschlagbar. Äpfel können gut getrocknet werden. Einfach das Kerngehäuse entfernen und in Scheiben schneiden.

APRIKOSEN. Ähneln Pflaumen, haben aber eine gelbrote und leicht haarige Schale. Aprikosen enthalten Betacarotin, das im Körper in Vitamin A umgewandelt wird. Außerdem enthalten sie viele Ballaststoffe, Vitamin C und Kalium. Die Früchte können bei Zimmertemperatur 1–2 Tage, am besten jedoch im Kühlschrank gelagert werden.

BANANEN. Im Supermarkt sind sie manchmal noch fast grün und unreif. Sie reifen mit Hilfe von Ethylen. Bananen enthalten viel Kalium, Vitamin B6 und Magnesium. Sie sollten immer bei Zimmertemperatur aufbewahrt werden – am besten separat, also von anderem Obst getrennt. In der Kälte des Kühlschranks werden Bananen schwarz. Sie sind sehr druckempfindlich. Werden sie gequetscht, erscheinen bald braune Stellen, weil das Fruchtfleisch beschädigt ist.

BIRNEN. Werden seit Tausenden von Jahren angebaut. Sie enthalten Kalium, Vitamin A, C und Ballaststoffe. Birnen sind nur kurz haltbar und werden am besten im Kühlschrank in einer Plastiktüte verwahrt. Da sie jedoch viel Aroma entwickeln sollen, 1–2 Tage vor dem Verzehr bei Zimmertemperatur lagern. Birnen geben Ethylen ab, das den Reifungsprozess anderer Obstsorten beschleunigt.

BLAUBEEREN. Enthalten jede Menge Vitamin C, B und viele Antioxidantien. Nur blaue pflücken, nicht die schwarzen! Wenn du sie im Supermarkt kaufst, achte auf runde Beeren, die gleich groß und nicht schrumpelig sind. Im Kühlschrank halten Blaubeeren 1–2 Tage. Sie können auch gut eingefroren werden. Im Handel sind meist amerikanische Sorten erhältlich. Sie sind etwas größer und haben ein fruchtigeres Aroma. Kühl können sie gut aufbewahrt werden. Ihr Gehalt an Antioxidantien ist jedoch geringer als der „wilder" Blaubeeren.

BROMBEEREN. Enthalten Kalium, Vitamin C und sind sehr ballaststoffreich. Um gute, wilde Brombeeren zu bekommen, sollte man warten, bis sie richtig reif sind, meist im September bis Oktober. Gezüchtete Brombeeren können früher gepflückt werden. Sie halten sich bei Zimmertemperatur nur 1 Tag, können jedoch gut eingefroren werden.

CLEMENTINEN, SATSUMAS und **MANDARINEN.** Mandarinen haben viele Kerne und werden deshalb nicht so oft verwendet. Clementinen und Satsumas lassen sich leicht schälen und sind fast kernlos. Die Satsuma-Schale ist etwas grünlich, auch wenn sie wie alle anderen Zitrusfrüchte reif geerntet wird.

DATTELN. Sie zählen zum Steinobst. Datteln enthalten viele Ballaststoffe, Kalium sowie die Vitamine A und D. Sie trocknen nicht schnell aus und können bei 0 °C bis zu 2 Monate aufbewahrt werden. Datteln können aufgetaut und erneut tiefgefroren werden.

ERDBEEREN. Enthalten mehr Vitamin C als Orangen, außerdem sind sie reich ein Eisen. Erdbeeren sind sehr druckempfindlich und werden leicht schlecht, wenn sie eng gepackt sind. Sie können im Kühlschrank kurze Zeit verwahrt werden. Am besten schmecken sie jedoch am ersten Tag nach dem Pflücken. Zum Einfrieren schneidet man sie in Scheiben und streut etwas Zucker darüber. Oder man friert sie nach dem Putzen im Ganzen ein. Im Gefrierschrank sind sie – wie die meisten Beeren – 2–3 Monate haltbar.

GOJI-BEEREN. Eine Superbeere, hervorragend für das Immunsystem. Der Geschmack ähnelt einer Mischung aus Preiselbeeren und Rosinen. Nicht mehr als etwa 1 Handvoll oder 1 Teelöffel Pulver pro Tag essen. Trocken, dunkel und kühl aufbewahren. Die geöffnete Verpackung mit getrockneten Goji-Beeren sollte innerhalb von 2 Monaten verbraucht werden.

GRAPEFRUITS. Wenn du am Tag eine halbe Grapefruit isst, erhältst du mehr als den Tagesbedarf an Vitamin C. Der Geschmack ist aromatisch und frisch, aber auch leicht bitter. Verwende Früchte, die keine Beschädigungen haben und fest sind. Die Haltbarkeit hängt vom Herkunftsland ab. Grapefruits werden am besten kühl bei 10–15 °C verwahrt. Vorsicht mit Grapefruits bei Herz- und Gefäßproblemen!

HIMBEEREN. In Europa sind fast nur rote Himbeeren erhältlich, es gibt sie jedoch auch in Schwarz und Gelb. Sie enthalten unter anderem Vitamin C und Ballaststoffe. Die Beeren sollten eine gleichmäßige Farbe haben und nicht länger als 2 Tage im Kühlschrank gelagert werden. Himbeeren können gut eingefroren werden und sind dann 2–3 Monate haltbar.

JOHANNISBEEREN. Es gibt rote, schwarze, gelbe und weiße Johannisbeeren. Jede Sorte enthält Vitamin C und Ballaststoffe. Bei Zimmertemperatur halten sie 2–3 Tage, im Kühlschrank etwa 1 Woche. Johannisbeeren können gut tiefgefroren werden.

KIWIS. Reich an Vitamin C und Kalium. Kiwis können mit oder ohne Schale gegessen werden. Meist haben sie grünes, es gibt sie aber auch mit gelbem, etwas süßerem Fruchtfleisch. Kiwis reifen nach ein paar Tagen bei Zimmertemperatur. Der Reifungsprozess kann beschleunigt werden, indem man sie mit einem Apfel in eine Plastiktüte legt. Unreife Kiwis halten in einer Plastiktüte im Kühlschrank bis zu 3 Wochen. Schrumpelige oder matschige Früchte entsorgen. Das Symbol Neuseelands, der Kiwi-Vogel, hat der Frucht ihren Namen verliehen.

KIRSCHEN/VOGELKIRSCHEN. Es gibt Sauer- und Süßkirschen. Vogelkirschen gehören zu den Süßkirschen und sind reich an Vitamin C. Kirschen enthalten auch Kalium und Ballaststoffe. Forschungen deuten darauf hin, dass sie eine gewisse entzündungshemmende Wirkung haben. Verwende pralle, feste Kirschen ohne Flecken, straff und glänzend, und mit feinem Stiel. Kirschen halten bei Zimmertemperatur 2 Tage, im Kühlschrank ein paar Wochen. Sie sind druckempfindlich und vertragen enge Lagerung in Tüten nur schlecht.

KOKOSNÜSSE. Die Früchte der Kokospalme. Die Kokosnuss ist eine ovale Steinfrucht, 20–30 Zentimeter lang, und hat ein Gewicht von 2–3 kg. Kokosnüsse haben zwei Schalen: Eine lederartige und eine faserige. Darunter sitzt die harte, braune Frucht, gefüllt mit Kokoswasser, das teilweise zu Fruchtfleisch erhärtet ist. Kokosmilch und Kokosfett werden aus Kopra gewonnen, dem getrockneten Kernfleisch. Kokosflocken sind getrocknetes, geriebenes Fruchtfleisch. Frische Kokosnüsse enthalten viele Fasern (9 %) und Fett (33 %), meist gesättigte Fettsäuren. Eine Kokosnuss kann im Kühlschrank etwa 5–6 Wochen aufbewahrt werden.

LIMETTEN. Sind mit Zitronen verwandt und werden ähnlich verwendet. Sie sind etwas runder und aromatischer. Limetten vertragen keinen Frost und sollten im Gemüsefach des Kühlschranks gelagert werden.

MANGOS. Enthalten Carotin und Antioxidantien. Die Frucht leicht drücken, um die Reife abzuschätzen. Sie sollte leicht nachgeben, aber nicht zu weich sein. Die Reife kann man auch am Duft erkennen, während die Farbe der Schale nichts darüber aussagt; es gibt nämlich über tausend bekannte Mangosorten mit verschiedenen Farben. Mangos halten im Kühlschrank bis zu 2 Wochen. Bei Zimmertemperatur reifen sie in einer Tüte mit Äpfeln oder Bananen schnell. Wenn sie gereift sind, können sie ein paar Tage im Kühlschrank aufbewahrt werden, aber nicht kälter als bei 10 °C. Geschälte, entkernte Mangos können gut in Gefrierbeuteln tiefgefroren werden.

MELONEN. Sind mit Kürbis und Gurke verwandt. Man unterscheidet Zucker- und Wassermelonen. Die Kerne der Zuckermelone befinden sich in der Mitte, bei der Wassermelone sitzen sie im Fruchtfleisch (mehr dazu unter „Wassermelone"). Rieche an einer Melone, wenn du sie kaufen möchtest. Duftet es an der Blütenseite, ist sie reif. Verwahre ganze Melonen bei Zimmertemperatur, Stücke gehören in den Kühlschrank. Melonen geben Ethylen ab, das den Reifungsprozess beschleunigt.

MÖHREN. Kamen im 12. Jahrhundert aus Zentralasien nach Europa, hatten damals jedoch eine hellrote Farbe. Möhren enthalten Betacarotin, das im Körper in Vitamin A umgewandelt wird. Das Carotin schenkt der Möhre ihre orangerote Farbe. Möhren werden am besten ohne Grün in einer Plastiktüte im Kühlschrank oder kühl gelagert. Das Grün wird abgeschnitten, denn es entzieht der Möhre Nahrung und macht sie weich.

ORANGEN. Alle Zitrusfrüchte sind reich an Vitamin C. Große Früchte lieber meiden, sie schmecken oft wässrig. Nimm stattdessen Orangen, die für ihre Größe schwer sind, aber eine glatte, dünne Schale haben. Orangen werden am besten in einer Plastiktüte im Kühlschrank aufbewahrt, können aber auch bei Zimmertemperatur 1–2 Wochen gelagert werden.

PAPAYAS. Enthalten Vitamin A und C. Sie werden wie Melonen gegessen. Papayas halten im Kühlschrank bis zu 3 Wochen. Unreif können sie bei Zimmertemperatur ein paar Tage reifen. Papayas haben eine gelbgrüne, nicht essbare Schale und orangefarbenes Fruchtfleisch, das süß und aromatisch ist. Reife Früchte können eine gleichmäßige Färbung zeigen. Zur Verstärkung des Geschmacks kann etwas Limette darübergeträufelt werden. Normalerweise verwendet man die Samen nicht, da sie ein bisschen pfeffrig sind und nicht zu Smoothies oder Säften passen. Papayas können geschält, entkernt und in Stücke geteilt gut eingefroren werden.

PASSIONSFRÜCHTE. Enthalten Vitamin C, Carotin, Kalium und Ballaststoffe. Im Handel sind meist rotviolette Früchte, es gibt sie aber auch in Rotgelb und Gelb. Diese sind ein bisschen größer. Passionsfrüchte enthalten auch Kalium und Betacarotin. Beim Kauf sollten sie fest und ein bisschen schrumpelig sein – aber nicht zu sehr, denn dann sind sie alt. Sie dürfen auch nicht zu leicht sein, denn dann sind sie möglicherweise innen vertrocknet. Im Kühlschrank hält die Frucht 3–4 Wochen. Das Fruchtfleisch kann gut in Eiswürfelformen eingefroren und dann in Gefrierbeuteln ohne Luft aufbewahrt werden. Die Würfel sind im Gefrierschrank 3–4 Monate haltbar. Eignen sich als Dekoration oder Zutat für Fruchtsäfte und Smoothies.

PFIRSICHE. Enthalten Vitamin A, B und C. Bei Zimmertemperatur reifen Pfirsiche schnell und können nur 1–2 Tage aufbewahrt werden. Im Kühlschrank halten sie bis zu 2 Wochen. Am besten lagert man sie in Plastiktüten, das schützt vor Austrocknen. Nektarinen sind eine Pfirsichart mit glatter Schale. Oft schmecken sie intensiver als Pfirsiche.

PFLAUMEN. Reich an Vitamin C und Ballaststoffen. Pflaumen zählen zum Steinobst. Es gibt sie in vielen Farben und Größen. Unreife Pflaumen reifen innerhalb weniger Tage bei Zimmertemperatur. Reife Pflaumen am besten im Kühlschrank lagern.

PREISELBEEREN. Enthalten Kalzium, Eisen, Vitamin C und E. Preiselbeeren sind im Kühlschrank gut haltbar. Einen Plastikbeutel mit Haushaltspapier auskleiden, darin können die Beeren einige Wochen aufbewahrt werden, manchmal bis zu 1 Monat. Preiselbeeren enthalten Benzoesäure. Sie verlängert die Haltbarkeit. Werden die Beeren mit Zucker gemischt, halten sie sich ohne Konservierungsmittel. Frisch können sie gut eingefroren werden.

SANDDORN. Enthält viel Vitamin C und das im Pflanzenreich seltene Vitamin B12, das sehr wichtig für Veganer ist. Frische Beeren sind im Kühlschrank 1 Woche haltbar. Beeren und Saft können sehr gut eingefroren werden.

WASSERMELONEN. Enthalten Vitamin A, B und C. Die handelsüblichen Wassermelonen haben eine grüne Schale, es gibt jedoch auch Sorten mit grünen Sprenkeln und gelber Schale. Wassermelonen sind für Smoothies sehr gut geeignet, weil sie viel Wasser enthalten. Nimm eine feste Melone und klopfe daran. Wenn es hohl klingt, ist sie reif. Eine ganze Wassermelone ist bei Zimmertemperatur je nach Sorte und Reifegrad bis zu 12 Tage haltbar, im Kühlschrank noch viel länger.

WEINTRAUBEN. Enthalten Vitamin C, Kalium und viele Ballaststoffe. Trauben werden immer reif geerntet und sind nur kurz haltbar. Sie sollten direkt gegessen oder im Kühlschrank in einer Plastiktüte aufbewahrt werden. Dann halten sie bis zu 1 Woche. Ihr Aroma entfalten sie am besten, wenn sie vor dem Verzehr 20 Minuten bei Zimmertemperatur gelagert werden.

ZITRUSFRÜCHTE. Sammelname für eine große Anzahl von Früchten, die reich an Vitamin C sind. Apfelsinen, Clementinen, Zitronen, Grapefruits, Limetten, Mandarinen und Satsumas gehören dazu. Alle Zitrusfrüchte können entweder bei Zimmertemperatur oder im Kühlschrank aufbewahrt werden. Zitrusfrüchte mit dünner Schale werden saftiger, wenn sie bei Zimmertemperatur lagern. Die mit dickerer Schale geben mehr Fruchtsaft, wenn sie kalt verwahrt werden.

Wörterverzeichnis

ANTIOXIDANTIEN. Stoffe, die vor Säureradikalen schützen, also vor schädlichen Stoffen, die in unseren Zellen gebildet werden, wenn Säure zur Energiegewinnung genutzt wird. Beim Verzehr von viel Obst und Gemüse erhält man die Antioxidantien, die der Körper benötigt. Besonders wirksam sind Vitamin C, E, Betacarotin, das Koenzym Q und das Metall Selen.

BALLASTSTOFFE. Sie sind vor allem in Obst, Gemüse und Getreide vorhanden. Wenn die Nahrung ballaststoffreich ist, bewegt sie sich schneller durch den Darm. Das senkt das Verstopfungsrisiko.

BENZOESÄURE. Ist in vielen Obstsorten, Beeren und Gemüse enthalten. Sie wirkt als natürliches Konservierungsmittel.

BETACAROTIN. Ein Vorstadium des Vitamins A. Es ist unter anderem in Möhren und Grünkohl enthalten.

CAROTINE. Natürliche, gelbe bis gelbrote Farbstoffe in Möhren, Mangos, Papayas und Eigelb.

ENZYME. Proteine, die chemische Reaktionen im Köper unterstützen. Das Enzym Myosin wird beispielsweise zur Kontraktion der Muskeln bei Bewegung benötigt. Ein anderes Enzym ist Pepsin, das Proteine in der Nahrung abbaut. Enzyme sind für alle Organismen lebenswichtig, werden jedoch auch in Waschmitteln zur Auflösung bestimmter Flecken verwendet.

ETHYLEN. Einige Obstsorten und Gemüse geben das Gas Ethylen ab. Es beschleunigt den Reifungsprozess – entweder bei der Frucht selbst oder bei Obst und Gemüse, das in derselben Schale oder Tüte liegt. Äpfel, Birnen, Melonen, Bananen, Pfirsiche, Nektarinen, Pflaumen, Aprikosen und Tomaten geben viel Ethylen ab und sollten deshalb nicht gemeinsam mit anderem Obst und Gemüse aufbewahrt werden. Sind die Früchte unreif, kannst du diese Eigenschaft natürlich für die schnellere Reifung nutzen.

KONSERVIERUNGSMITTEL. Stoff, der die Haltbarkeit verlängert. Konservierungsmittel in Lebensmitteln verhindern z. B. Schimmelbildung und Gärung.

LAKTOSEINTOLERANZ. Daran leidenden Menschen fehlt das Enzym Laktase im Dünndarm. Deshalb vertragen sie Milch- und Molkereiprodukte nur schlecht. Manche Personen können

Dickmilch und Joghurt essen. Sie enthalten weniger Laktose als normale, frische Milch. Bei Laktoseintoleranz kommt es nach dem Verzehr von Milchprodukten häufig zu Durchfällen und Blähungen. Laktose wird auch als Milchzucker bezeichnet. In Deutschland sind etwa 15 Prozent aller Erwachsenen laktoseintolerant.

MINERALSTOFFE. Der menschliche Körper benötigt ca. 20 Mineralstoffe, jedoch in sehr kleinen Mengen. Der Mineralstoff, den wir am meisten brauchen, ist Kalzium, das für Knochen und Zähne benötigt wird. Andere Mineralstoffe sind z. B. Phosphor, Kalium, Natrium und Magnesium. Stoffe, von denen wir nur geringste Mengen benötigen, werden als Spurenelemente bezeichnet. Dazu gehören Eisen, Jod, Zink und Selen. Wenn wir normal und vielseitig essen, erhalten wir meist ausreichende Mengen von allen Mineralstoffen.

ÖKOLOGISCHER ANBAU. Beim ökologischen Anbau werden weder Kunstdünger noch chemische Pflanzenschutzmittel verwendet. Anbauformen, die nicht ökologisch sind, werden als konventionell bezeichnet.

OXIDATION. Eine chemische Reaktion. Die Braunfärbung einer Apfelscheibe hängt damit zusammen, dass die Säure im Apfel durch den Sauerstoff in der Luft beeinflusst wird. Er oxidiert.

VITAMINE. Sie sind für den Menschen lebensnotwendig, allerdings nur in kleinen Mengen. Bei vielseitiger Ernährung decken wir den Vitaminbedarf des Körpers. Sicherheitshalber nehmen viele Menschen täglich Vitamintabletten ein. Ist von einem Vitamin zu wenig vorhanden, kann man krank werden. Der Mensch benötigt 12 verschiedene Vitamine. Sie werden in fett- und wasserlösliche Vitamine eingeteilt. Fettlöslich sind Vitamin A, D, E und K. Wasserlöslich sind die Vitamine B1, B2, B6, B12, Nikotinsäure, Folsäure, Biotin und Vitamin C.
Vitamin A wird für Sehkraft und Infektionsabwehr benötigt. Vitamin D stärkt den Knochenbau. Vitamin E dient dem Körper zum Schutz vor freien Radikalen. Vitamin K wird zur Blutgerinnung benötigt. Vitamin C wird auch als Ascorbinsäure bezeichnet. Es wird vom Körper zum Aufbau des Bindegewebes und zur Aufnahme von Eisen benötigt. Auch das Immunsystem wird durch Vitamin C gestärkt. Das meiste Vitamin C ist in Obst, Beeren und Gemüse enthalten.

ZELLEN. Die kleinsten Bausteine des Lebens. Die meisten Zellen sind sehr klein und nur unter dem Mikroskop zu sehen. Zum Aufbau eines Körpers sind viele Milliarden von ihnen erforderlich.

Vitamix
TOTAL NUTRITION CENTER

Rezeptregister

BEEN